तेरे नाम का...

किक्की सिंह

डायमंड बुक्स

www.diamondbook.in

प्रकाशक : डायमंड पॉकेट बुक्स (प्रा.) लि.
X-30, ओखला इंडस्ट्रियल एरिया, फेज-II
नई दिल्ली-110020
फोन : 011-40712200
ई-मेल : sales@dpb.in
वेबसाइट : www.diamondbook.in

TERE NAAM KA...

By : Kikki Singh (Swati Singh)
E-mail : kikkisingh26@gmail.com

॥ मंगलाचरण ॥

इतने भ्रमित वातावरण में जब सारे गलत मार्ग अपना रहे हैं
उसमें हे! राधे कृष्ण मुझे अपने प्रेम रूपी रस का अमृत प्रदान करते हुए
मुझे **'तेरे नाम का...'** पुस्तक लिखने की शक्ति प्रदान करें
एवं पुस्तक की सफलता का आशीर्वाद दें।

✿ ✿ ✿

प्राप्त पुरस्कार

1. झारखंड अखिल भारतीय क्षत्रिय संघ द्वारा सम्मानित।
2. इंडियन मेडिकल एसोसिएशन द्वारा सम्मानित।
3. राष्ट्रीय राजपूत करणी सेना के राष्ट्रीय अध्यक्ष सुखदेव सिंह गोगामेडी द्वारा सम्मानित।
4. 'ये प्यार का नगमा है', 'मैं ना भुलूंगा मैं ना भुलूंगी' जैसे गानों के महान गीतकार संतोष आनंद द्वारा 'जिंदगी की न टूटे लडी' से सम्मानित।
5. झारखंड आर्मी सेना प्रमुख जी.ओ.सी द्वारा सम्मानित।
6. राष्ट्रीय हिन्दी साहित्य परिषद् द्वारा सम्मानित।
7. रेड डायमंड अचीवर्स द्वारा सम्मानित।

प्रथम पुस्तक को प्राप्त सफलताएं :

1. झारखंड के पूर्व मुख्यमंत्री श्री रघुवर दास जी द्वारा 20 नवंबर, 2018 को नोवेल 'शादी का सपना' का विमोचन किया गया है।
2. झारखंड की माननीय राज्यपाल श्रीमती द्रोपदी मूर्म समेत कई राज्य मंत्रियों द्वारा पुस्तक की प्रशंसा की गई।
3. 1 मार्च, 2020 में भारत के प्रथम व्यक्ति माननीय राष्ट्रपति श्री रामनाथ कोविंद द्वारा पुस्तक 'शादी का सपना' का पुनः विमोचन किया गया।

   मुझे 4 मार्च को राजभवन में होली सम्मेलन कार्यक्रम में राज्यपाल और चार कॉलेजों के समक्ष कविता प्रस्तुत करने का मौका मिला।

विषय सूची

आज तेरा मेरे दिल में होना

आज तेरा मेरे दिल में हो ना
फिर क्यों डर लगता है,
कल जाकर तुझे है खोना
तमन्ना यही है
आज खुशी है
कल आंखों में आंसू हो ना
चांद-सितारे तो नहीं
पर चंद प्यार भरे पल दो ना
हकीकत से सामना करने की
हिम्मत नहीं,
पर मेरे ख़्वाबों को यूं तोड़ो ना
किया तुमने कोई वादा तो नहीं,
पर साथ निभाने का इरादा
यू छोड़ो ना
आंखों में नींद की गुंजाइश नहीं
पर तुम्हारे कंधे पर सर रखकर
आज मुझे है सोना
वक्त का पता नहीं
आज तुम हो
शायद कल मेरे साथ रहो ना
खुशियां कितने भी हों

Aaj Tera Mere Dil Mein Hona

Aaj Tera Mere Dil Mein Hona
Fir Kyon Darr Lagta Hai
Kal Jakar Tujhe Hai Khona
Tamanna Yahi Hai
Aaj Khushi Hai
Kal Aankhon Mein Aansu Hona
Chand Sitare To Nahin
Per Chand Pyar Bhare Pal Do Na
Hakikat Se Samna Karne Ki
Himmat Nahin
Per Mere Khwabon Ko Yun Todo Na
Kiya Tumne Koi Vada To Nahin
Per Sath Nibhane Ka Irada
Yu Chodo Na
Aankhon Mein Nind Ki Gunjaish Nahin
Per Tumhare Kandhe Per Sar Rakhkar
Aaj Mujhe Hai Sona
Waqt Ka Pata Nahin
Aaj Tum Ho
Shayad Kal Mere Sath Raho Na
Khushiyan Kitni Bhi Ho

लेकिन वक्त के साथ
इंसान को पड़ता है रोना
बदनसीबी के आगे
नसीब को भी
पड़ता है लाचार होना
आंखों में आंसुओ कों थामकर
मुमकिन नहीं गमों को खोना
सिरहाने अपने कड़वे कल को रखकर
कठिन है अपने,
वर्तमान संग सोना
प्यार कितना भी अच्छा
क्यों ना हो ....
लेकिन कई बार अंत होता है
बहुत घिनौना

❁ ❁ ❁

Lekin Waqt Ke Saath
Insaan Ko Padta Hai Rona
Badnaseebi Ke Aage Kabhi Kabhi
Majbut Insan Ko Bhi
Padhta Hai Lachar Hona
Aankhon Mein Aansuon ko Tham Kar
Mumkin Nahin Gamon Ko Khona
Sirhane Apne Kadve Kal Ko Rakh Kar
Kathein Hai Apne Vartman Sang Sona
Pyar Kitna Bhi Achcha
Kyon Na Ho
Lekin Kai Bar Ant Hota Hai
Bahut Ghinauna

❁ ❁ ❁

तेरे मुस्कान के

तेरे मुस्कान के धागों से
कांश!!! मैं अपनी
खुशियों की फटी चादर सिल पाती
काश!!! तेरे सांसों के सहारे
मैं भी इस दुनिया में जी पाती
सब कुछ कर देती, तेरे नाम
अगर तू दिला पाता
हमारे रिश्ते को एक पहचान

पहचान पाने की चाहत में
चाहतों की चिता ही जल गई
राख बनकर बिखर सब कुछ
दुनिया भर की बदनामी
हमें मिल गई

कसूरवार थे तुम
उंगलियां उठी सिर्फ हम पर
हमारा प्यार थे तुम
ये ख़्वाब भी टूटा
आज शीशा बनकर

Tere Muskan Ke

Tere Muskan Ke Dhaagon Se
Kash!!!! Main Apni Khushiyon Ke
Fate Chadar Sil Pathi
Kash!!!!! Tere Saanson Ke Sahare
Main Bhi Is Duniya Mein Ji Pati
Sab Kuchh Kar Deti, Tere Naam
Agar Tu Dila Pata
Hamare Rishte Ko Ek Pahchan

Pahchan Pane Ki Chahat Mein
Chahaton Ki Chita Hi Jal Gei
Raakh Bankar Bikhra Sab Kuchh
Duniya Bhar Ki Badnami
Hamain Mil Gei

Kasurwar The Tum
Ungaliyan Uthi Sirf Ham Per
Hamara Pyar The Tum
Ye Khwab Bhi Tuta
Aaj Sheesha Ban Kar

तुझसे प्यार करके
प्यार शब्द की परिभाषा ही
बदल गई
बेवफा बना तू
लेकिन बर्बादी की उपाधि
इस नादान प्यार को मिल गई

❁ ❁ ❁

Tujhse Pyaar Karke
Pyar Shabd Ki Paribhasha He
Badal Gei
Bewafa Bana Tu
Lekin Barbadi Ki Upadhi
Is Nadan Pyar Ko Mil Gayi

❁ ❁ ❁

ये हमारी

ये हमारी जिंदगी का
वो दौर है
जहां सिर्फ बदनामी का
शोर है
तन्हाइयों भरी रात है
आंसुओं की बरसात है
और सामने बैठी
बेवफाई की सौगात है
हमारा तो कुछ
ऐसा है करम
प्यार का एहसास
ही बन गया भरम
आज इस तन्हाई के
दरिया को
पार करके जाना है
वक्त रहते तुझे
फिर से अपना बनाना है
छोड़ के सारे
लाज और शर्म
हकीकत में तब्दील कर दे
मेरे सारे भरम

Yeh Hamari

Yeh Hamari Zindagi Ka
Wo Dour Hai
Jahan Sirf Badnami Ka
Shor Hai
Tanhaiyo Bhari Raat Hai
Aansuon Ki Barsat Hai
Aur Samne Baithi
Bewafai Ki Saugat Hai
Hamara To Kuchh
Aisa Hai Karam
Pyar Ka Ehsas
Hi Ban Gaya Bharam
Aaj Iss Tanhai Ke
Dariya Ko
Paar Karke Jana Hai
Waqt Rahte Tujhe
Fir Se Apna Banana Hai
Chhod Ke Saare
Laaj Aur Shram
Hakikat Mein Tabdil Kar De
Mere Sare Bharam

कुछ ऐसा हो
हमारा प्यार
कि गवाह बन जाए
सारा संसार
इस चुटकी भर सिंदूर को
मेरी मांग में भरकर
हमारे इस रिश्ते को
एक नाम दिला दे
जिस रिश्ते को
नाजायज कहते हैं लोग
आज उसे जायज होने की
पहचान दिला दे

❁ ❁ ❁

Kuchh Aisa Ho
Hamara Pyar
Ki Gavah Ban Jaaye
Sara Sansar
Iss Chutki Bhar Sindoor Ko
Meri Mang Mein Bharkar
Hamare Iss Rishte Ko
Ek Naam Dila De
Jis Rishte Ko
Naajayaz Kahate Hain Log
Aaj Use Jayas Hone Ki
Pahchan Dila De

❁ ❁ ❁

आईना देख

शर्माती हूं
तेरी हूं मैं
यह सोच इतराती हूं
तुझे याद कर
निखर जाती हूं
तेरे इंतजार में
सोलह सिंगार कर
सवर जाती हूं
कृष्ण है तू
इसलिए मैं भी
राधा कहलाती हूं
जोगन बन सारे
जोग उठाती हूं
तेरी बाहों में आकर
पिघल जाती हूं
तेरे संग सपनों में
रास रचाती हूं
लेकिन क्या करूं
जात-धर्म की दीवार देख
डर जाती हूं
इंसान हूं मैं

Aaina Dekh

Sharmaati Hoon
Teri Hoon Main
Yah Soch Itrati Hoon
Tujhe Yad Kar
Nikhar Jaati Hoon
Tere Intezar Mein
Solah Singar Kar
Savar Jaati Hoon
Krishna Hai Tu
Isliye Main Bhi
Radha Kahlati Hoon
Jogan Ban Sare
Joog Uthati hoon
Teri Bahon Mein Aakar
Pighal Jaati Hoon
Tere Sang Sapnon Mein
Rash Rachati Hun
Lekin Kya Karun
Jaat Dharm Ki Deewar Dekh
Darr Jaati Hoon
Insan Hoon Main

लेकिन मजहब के नाम पर
बांटी जाती हूं
हर राह पर, खुद को
असुरक्षा से
घिरा पाती हूं
हैवानियत के नाम पर
हर बार मैं ही
लूटी जाती हूं
बदकिस्मती की भेंट भी
मैं ही चढ़ाई जाती हूं
लड़की हूं मैं
इसलिए चुपचाप
सब कुछ सह जाती हूं
प्रताड़नाओं से रिश्ते
निभाते-निभाते आखिरकार थक कर
मौत की गहरी नींद
सो जाती हूं
इसलिए तो
सहनशीलता की
मूरत कहलाती हूं

❁ ❁ ❁

Lekin Mazhab Ke Naam Per
Baati Jati Hoon
Har Rah Per Khud Ko
Auraksha Se
Ghira Paati Hoon
Haiwaniyat Ke Naam Per
Har Bar Mein He
Luti Jaati Hoon
Badkismati Ki Bhete Bhi
Main Hi Chadhai Jaati Hoon
Ladki Hoon Main
Isliye Chupchap
Sab Kuchh Sah Jaati Hoon
Pratadnao Se Rishte
Nibhate Nibhate Aakhirkar Thakkar
Maut Ki Gehri Nind So Jaati Hoon
Isliye To
Sahanshilta Ki
Murat Kahlati Hoon

❁ ❁ ❁

सिंदूरी सी शाम

ये सिंदूरी सी शाम
मेरी हर सांसों पर
सिर्फ तेरा नाम
आज फिर उन्हीं
सुनी राहों पर से
तेरे गुजरने का इंतजार है
थाम ले ये हाथ
और कह दे
तुझे मुझसे आज भी प्यार है
तेरे प्यार में
कहीं मैं बन ना जाऊं जोगन
और जोग भी रह ना जाए अधूरा
दूर कर मेरे इस असमंजस को
कम से कम वफा तो कर पूरा
तेरे वफा से सराबोर हो
मेरी हर रात
मेरी जिंदगी में हो
सिर्फ तेरे प्यार की सौगात
चारों तरफ तेरे-मेरे
प्रेम का शोर है
सभी कहते हैं

Sindoor Si Sham

Ye Sinduri Si Sham
Meri Har Sanson Per
Sirf Tera Naam
Aaj Fir Unhi
Suni Rashto Per Se
Tere Gujarne Ka Intezar Hai
Tham Le Ye Haath
Aur Keh De
Tujhe Mujhse Aaj Bhi Pyaar Hai
Tere Pyar Mein
Kahin Mein Ban Na Jau Jogan
Aur Jog Bhi Rah Na Jaaye Adhura
Dur Kar Mere Is Asamanjas Ko
Kam Se Kam Wafa To Kar Pura
Teri Wafa Se Sharabor
Ho Meri Har Raat
Meri Zindagi Mein Ho
Sirf Tere Pyaar Ki Saugat
Charon Taraf Tere Mere
Prem Ka Shor Hai
Sabhi Kahate Hain

तू मेरे दिल को
चुराने वाला चोर है
एक बार फिर से थाम ले ये हाथ
क्योंकि आगे अंधेरा घनघोर है
जमाना कुछ भी कहे
पर तू विश्वास कर मुझ पर
पवित्र रहेगा हमारा प्रेम
क्योंकि प्रेम के देवता के हाथों में
हमारे दिल की डोर है

❁ ❁ ❁

Tu Mere Dil Ko
Churane Wala Chor Hai
Ek Bar Fir Se Tham Le Mera Haath
Kyunki Aage Andhera Ghaghor Hai
Zamana Kuch Bhi Kahe
Per To Vishwas Kar Mujh Per
Pavitra Rahega Hamara Prem
Kyunki Prem Ke Devta Ke Hathon Mein
Hamare Dil Ki Dor hai

❁ ❁ ❁

आज मेरे चेहरे पर

आज मेरे चेहरे पर है
मुस्कान भरपूर
क्योंकि, मेरी मांग में सजा है
तेरे नाम का सिंदूर
मैंने अपनी बर्बादी की चिता जलाकर
अस्थियों के रूप में
आंसुओं को बहाया है
शुक्रगुजार हूं मैं उस रब की
जिसके कारण मैंने आज
तेरे जैसा प्यार करने वाला, पाया है
तुझे पाकर मैंने सपनों को
हकीकत में तबदील होते हुए देखा है
जितनी खुश हूं मैं, उतनी ही खुश
आज मेरे हाथों की रेखा है
ये फेरे सिर्फ
अग्नि के सात फेरे नहीं
बेवफाई के अंधेरे में
वफा के सवेरे हैं
कठिन रास्ता है हमारे प्रेम का
लेकिन यह वादा है मेरा

Aaj Mere Chehre Per

Aaj Mere Chehre Per Hai
Muskan Bharpur
Kyunki Meri Mang Mein Saja Hai
Tere Naam Ka Sindoor
Maine Apni Barbadi Ki Chita Jalakar
Astiyon Ke Roop Mein
Aansuon Ko Bahaya Hai
Shukragujar Hun Main Us Rab Ki
Jiske Karan Maine Aaj
Tere Jaisa Pyar Karne Wala Paya Hai
Tujhe Pakar Maine Sapno Ko
Hakikat Mein Tabdeel Hote Hue Dekha Hai
Jitni Khush Hoon Main, Utani Hi Khush
Aaj Mere Hathon Ki Rekha Hai
Yeh Phere Sirf
Agni Ke Saath Phere Nahi
Bewafai Ke Andhere Mein
Wafa Ke Sawere Hain
Kathin Rasta Hai Hamare Prem Ka
Lekin Yeh Vada Hai Mera

हम जन्मों-जन्मांतर के लिए तेरे हैं
हाथों को हाथों में थाम कर
जिंदगी एक हो हमारी
बेमिसाल मोहब्बत के नाम पर
पार कर जाएं हम
समाज के तानों का हर दरिया
तपस्या से भी गहरा हो प्यार हमारा
जिसे देखकर पवित्र कर ले
समाज अपना नजरिया
इस जिंदगी को मैंने तेरे साथ
मोहब्बत को बदनामी के कलंकों से
मुक्त कराने में लगाया है
फिर से यही कहना चाहती हूं
शुक्रगुजार हूं मैं उस रब की
जिसने तुझे और प्यार जैसे
खूबसूरत एहसास को बनाया है

❀ ❀ ❀

Hum Janmo-Janamantar Ke Liye Tere Hain
Hathon Ko Hathon Mein Tham Kar
Zindagi Ek Ho Hamari
Bemisal Mohabbat Ke Naam Per
Par Ker Jaaye Hum
Samaj Ke Taanon Ka Har Dariya
Tapasya Se Bhi Gehra Ho Pyar Hamara
Jise Dekh Kar Pavitra Kerle
Samaj Apna Najriya
Is Zindagi Ko Maine Tere Sath
Mohabbat Ko Badnamiyo Ke Kalhanko Se
Mukt Karne Mein Lagaya Hai
Phir Se Yahi Kehna Chahti Hun
Shukragujar Hun Main Us Rab Ki
Jis Ne Tujhe Aur Pyar Jaisi
Khubsurat Ehsaas Ko Banaya Hai

❀ ❀ ❀

मैं सर्वगुण तो हूं

मैं सर्वगुण तो हूं
पर संपन्न नहीं
मैं दुखों का आरंभ तो हूं
पर खुशियों भरा समापन नहीं
मैं वो रास्ता हूं
जो किसी की मंजिल नहीं
मैं सर्वगुण तो हूं
पर संपन्न नहीं
मैं वो कश्ती हूं
जिसका कोई किनारा नहीं
मैं वो शरीर हूं
जो खुद का ही सहारा नहीं
मैं वो खूबसूरती हूं
जो किसी की आंखों का
नजारा नहीं
मैं सर्वगुण तो हूं
पर संपन्न नहीं
मैं वो आसमान हूं
जिसका कोई चांद-सितारा नहीं
मैं वो शमा हूं
जिसमें जलने वाला कोई परवाना नहीं

Main Sarvgun To Hun

Main Sarvgun To Hun
Per Sampann Nahin
Main Dukhon Ka Aarambh To Hun
Per Khushiyon Bhara samapan Nahin
Main Woh Rasta Hun
Jo Kisi Ki Manzil Nahin
Main Sarvgun To Hun
Per Sampann Nahin
Main Woh Kashti Hun
Jiska Koi Kinara Nahin
Main Woh Sharir Hun
Jo Khud Ka Hi Sahara Nahin
Main Woh Khubsurti Hun
Jo Kisi Ki Aankhon Ka
Najara Nahin
Main Sarvgun To Hun
Per Sampann Nahin
Main Wah Aasman Hun
Jiska Koi Chand Sitara Nahin
Main Woh Shama Hoon
Jismein Jalne Wala Koi Parwana Nahin

मैं सर्वगुण तो हूं
पर संपन्न नहीं
मैं वो काया हूं
जिसका कोई साया नहीं
मैं वह आग हूं
जिसका कोई धुंआ नहीं
मैं वह प्यास हूं
जिसे बुझाने वाला
कोई कुआं नहीं
मैं सर्वगुण तो हूं
पर संपन्न नहीं

❁ ❁ ❁

Main Sarvgun Toh Hun
Per Sampann Nahi
Main Woh Kaya Hun
Jiska Koi Saya Nahin
Main Woh Aag Hun
Jiska Koi Dhua Nahin
Main Woh Pyaas Hun
Jisse Bujhane Wala
Koi Kuaa Nahin
Main Sarvgun To Hun
Per Sampann Nahin

❁ ❁ ❁

तू मुझे गुमराह तो....

तू मुझे गुमराह तो कर सकता है
पर बर्बाद नहीं
तू मुझे कैद तो कर सकता है
पर आजाद नहीं
तू राही तो बन सकता है
पर मंजिल नहीं
तू किनारा तो बन सकता है
पर साहिल नहीं
तो मुझे गुमराह तो कर सकता है
पर बर्बाद नहीं

तू ख्वाब तो बन सकता है
पर हकीकत नहीं
तू इबादत तो बन सकता है
पर फरियाद नहीं
तू लम्हा तो बन सकता है
पर वो अनमोल याद नहीं
तू मुझे गुमराह तो कर सकता है
पर बर्बाद नहीं

Tu Mujhe Gumrah To

Tu Mujhe Gumrah Tu Kar Sakta Hai
Per Barbad Nahin
Tu Mujhe Kaid To Kar Sakta Hai
Per Azad Nahin
Tu Raahi To Ban Sakta Hai
Per Manzil Nahin
Tu Kinara Tu Ban Sakta Hai
Per Sahil Nahin
Tu Mujhe Gumrah To Kar Sakta Hai
Per Barbad Nahin

Tu Khwab To Ban Sakta Hai
Per Hakikat Nahin
Tu Ibadat Tu Ban Sakta Hai
Per Fariyad Nahin
Tu Lamha To Ban Sakta Hai
Per Woh Anmol Yaad Nahin
Tu Mujhe Gumrah To Kar Sakta Hai
Per Barbad Nahin

तू जख्म तो बन सकता है
पर दर्द नहीं
तू दुःख तो बन सकता है
पर आंसू नहीं
तू प्यार तो बन सकता है
पर सच्ची चाहत नहीं
तू मुझे, हमबिस्तर होकर धोखा दे सके
ऐसी तेरी औकात नहीं
मैं भारत की सशक्त नारी हूं
कोई जिस्म का बाजार नहीं
तू मुझे गुमराह तो कर सकता है
पर बर्बाद नहीं

❀ ❀ ❀

Tu Zakhm To Ban Sakta Hai
Per Dard Nahin
Tu Dukh To Ban Sakta Hai
Per Aansu Nahin
Tu Pyar To Ban Sakta Hai
Per Sachi Chahat Nahin
Tu Mujhe Hambistar Hokar Dhokha De Sake
Aisi Teri Aukat Nahin
Mein Bharat Ki Sashakt Nari Hun
Koi Jism Ka Bazaar Nahin
Tu Mujhe Gumrah To Kar Sakta Hai
Per Barbad Nahin

❁ ❁ ❁

बेरंग सी

बेरंग सी है
ये मेरी जिंदगी
आ तू इसमें कुछ
प्यार के रंग भर दे
अपने प्रेम ग्रंथ के
कुछ पन्ने
आज तू
मेरे नाम कर दे
जो सच्चाई
छुपाई रखी थी हमने
आ उसे
सरेआम कर दे
गीता और कुरान
के बाद
दुनिया याद रखे हमें
आ ऐसा कुछ
काम कर दे
जोड़ नहीं सकता जो तू
अपने संग मेरा नाम
तो मुझे
बदनाम कर दे

Berang Sii

Berang Si Hai
Yah Meri Zindagi
Aa Tu Inmein Kuchh
Pyar Ke Rang Bhar De
Apne Prem Granth Ke
Kuchh apnne
Aaj Tu
Mere Naam Kar De
Jo Sacchai
Chhupai Rakhi Thi Humne
Aa Use
Sareaam Kar De
Geeta Aur Quran
Ke Baad
Duniya Yad Rakhe Hamain
Aa Aisa Kuchh
Kam Kar De
Jod Nahin Sakta Jo Tu
Apne Sang Mera Naam
Tu Mujhe
Badnaam Kar De

तन्हाई नहीं बर्दाश्त
कर सकती मैं
कम से कम
बेवफाई ही कर दे
कृष्ण की तरह
राधा नहीं बना सकता
तू मुझे तो
मीरा बनाकर
तमाम बेचैनियों से
आजाद कर दे
तुझ पर फना हुए थे
मेरी जिंदगी के
जो लम्हे
आज मुझे तू
वह सब सूद समेत
वापस कर दे

❀ ❀ ❀

Tanhai Nahin Bardasht
Ker Sakti Main
Kam Se Kam
Bewafai Hi Kar De
Krishna Ki Tarah
Radha Nahin Banaa Sakta
Tu Mujhe To
Meera Banakar
Tamam Bechainiyoan Se
Azad Kar De
Tujh Per Fanaa Huye The
Meri Zindagi Ke
Jo Lamhe
Aa Mujhe To
Woh Sab Suid Summit
Wapas Kar De

❁ ❁ ❁

तेरे मेरे

तेरे मेरे बीच
उम्र के फासले बड़े थे
सवालिया नजर लेकर
समाज के लोग खड़े थे

सब कहते हैं
प्यार अंधा होता है
उन आंखों का क्या फायदा
जो प्यार में खुद की बर्बादी देख
आहें भर-भर रोता है

कोरे कागज पर
जिस स्याही से
हमने तेरा नाम लिखा है
गुरूर है उन अक्सरों को, खुद पर
क्योंकि सब की जबान पर मशहूर
आज उनका किस्सा है

Tere Mere

Tere Mere Beech
Umer Ke Fasle Bade The
Savaliya Nazaar Lekar
Samaj Ke Log Khade The

Sab Kahate Hain
Pyar Andha Hota Hai
Un Aankhon Ka Kya Fayda
Jo Pyar Mein Apni Barbadi Dekh
Aahen Bhar-Bhar Rota Hai

Kore Kagaz Per
Jis Syahi Se
Humne Tera Naam Likha Tha
Gurur Hai Un Aksharon Ko, Khud Per
Kyunki Sabki Zubaan Par Mashhur
Aaj Unka Kissa Tha

धरती अंबर से
मिल न सकी
बेजान ख्वाहिशें
धड़कते दिल को
छल ना सकीं
नजरिया अपवित्र रखा इसने
ना जाने कितना
लेकिन यह जालिम दुनिया
हमारे पवित्र प्रेम को छल ना सकी

तुझे पाने के लिए हमारे पास
उम्मीदों की एक कश्ती है
मिटा ना सके कोई हमारा अस्तित्व
हमारी दीवानगी ऐसी हस्ती है

हमारे पवित्र प्रेम का
ध्रुव तारा टिमटिमाता है
कोई कह के तो दिखा दे
हमारी मोहब्बत का आधार
सिर्फ तन का नाता है

Dharti Ambar Se
Mil Na Saki
Bejan Khwahishen
Dhadkane Dil Ko
Chal Na Saki
Najriya Apavitra Rakha
Isne Na Jaane Kitna
Lekin Yah Zalim Duniya
Hamare Pavitra Prem Ko Chalna Saki

Tujhe Pane Ke Liye Hamare Pass
Umeedon Ki Ek Kashti Hai
Mita Na Sake Koi Hamara Astitva
Aisi Hamari Hasti Hai

Hamari Pavitra Prem Ka
Dhruv Tara Tim - Timaata Hai
Koi Keh Ke To Dikha De
Hamari Mohabbat Ka Aadhar
Sirf Tan Ka Nata Hai

खून के रिश्ते से भी ज्यादा
हमारे एहसास के रिश्ते गहरे हैं
जो सुन ना सके
सच्चे अल्फाजों को
वह कलयुग के बहरे हैं

प्यार नहीं है
रंग और रूप का मोहताज
जो समझ ले ये बात
वह प्रेम का ईश्वर बन
कायनात पर करे राज

❁ ❁ ❁

Khoon Ke Rishte Se Bhi Jyada
Hamare Ehsaas Ke Rishte Gehre Hain
Jo Sun Na Sake
Hamare Nischal Alfaaz Ko
Woh Kalyug Ke Behrai Hain

Pyar Nahi Hai
Rang Aur Roop Ka Mohtaj
Jo Samajh Le Yah Baat
Woh Prem Ka Ishwar Ban
Kainath Par Kare Raj

❁ ❁ ❁

पैमाने को

पैमाने को भर कर
छलकता ये जाम
कभी मनमोहक, कभी मादक
ये शाम
हर अक्षरों से बनते शब्द पर
सिर्फ तेरा नाम है
गौर से देखें तो
यहां इश्क कत्लेआम है
यहां मोहब्बत का
नहीं कोई इमान
कभी सूखी धरती
तो कभी बरसता अंबर बेईमान
यहां हर अंतरंगता
सरेआम है
गौर से देखें तो
यहां इश्क कत्लेआम है
पथराई सी आंखों पर
हया का पैगाम
बिगड़ गई सूरत

Paimane Ko

Paimani Ko Bhar Kar
Chhalakta Yah Jaam
Kabhi Manmohak, Kabhi Madak
Yah Sham
Har Aksharon Se Bante Shabd Per
Sirf Tera Naam Hai
Gaur Se Dekhe To
Yahan Ishq Katleaam Hai
Yahan Mohabbat Ka
Nahin Koi Imaan
Kabhi Sukhi Dharti
To Kabhi Barsata Ambar Beiman
Yahan Har Atrangta
Sareaam Hai
Gaur Se Dekhe To
Yahan Ishq Katleaam Hai
Pathrai Sii Aankhon Per
Haya Ka Paigam
Bigad Gai Surat

लेकिन अमर रहा
सीरत का नाम
पत्ते-पत्ते डाली-डाली को
सरसराती हवाओं का सलाम है
गौर से देखें तो
यहां इश्क कत्लेआम है
ना कोई मंदिर, ना कोई मस्जिद
मुझे तो हर एक
मजहब पर शान है
जहां ना हो कोई राम
और ना रहीम
बनेगा एक दिन ऐसा जहां
मुझे ऐतबार है
गौर से देखें तो
यहां इश्क कत्लेआम है

❀ ❀ ❀

Lekin Amar Raha
Sirat Ka Naam
Patti - Patte, Dali - Dali Ko
Sarsarati Hawaon Ka Salam Hai
Gaur Se Dekhe To
Yahan Ishq Katleaam Hai
Na Koi Mandir, Na Koi Masjid
Mujhe To Har Ek
Mazhab Par Shaan Hai
Jahan Na Ho Koi Ram
Aur Na Rahim
Banega Ek Din Aisa Jahaa
Mujhe Aitbaar Hai
Gaur Se Dekhe To
Yahan Ishq Katleaam Hai

❁ ❁ ❁

तुम ख्वाब

तुम ख्वाब थे
हकीकत में ढल गए
तुम मौसम थे
वक्त के साथ बदल गए
तुम समंदर की लहर थे
किनारों के साथ चल गए
तुम एक धोखा थे
हमारे दिल को छल गए
तुम बुरे कर्मों का नतीजा थे
पाप की तरह हमें फल गए
तुम एक लम्हा थे
आज आए और
कल चल गए
तुम मन की धुन थे
संगीत में ढल गए
मैं रास्ते पर आंखें बिछाए खड़ी रही
तुम मुझे नजरअंदाज कर चल गए
रिश्ता वही रहा
लेकिन मायने बदल गए
नजर वही रही
लेकिन नजरिए बदल गए

Tum Khwab

Tum Khwab The
Haqeeqat Mein Dhal Gaye
Tum Mausam The
Waqt Ke Sath Badal Gaye
Tum Samander Ki Lahar The
Kinaro Ke Sath Chal Gaye
Tum Ek Dhokha The
Hamare Dil Ko Chhall Gaaye
Tum Bhakti Ka Natija The
Hamen Fal Gaye
Tum Ek Lamha The
Aaj Aaye Aur
Kal Chal Gaye
Tum Mann Ki Dhun The
Sangeet Mein Dhal Gaye
Mai Raste Per Aankhen Bichaye Khadi Rahi
Tum Mujhe Najarandaaz Kar Chal Gaye
Rishta Vahi Raha
Lekin Mayane Badal Gaye
Nazar Vahi Rahi
Lekin Nazriya Badal Gaye

चांद सितारे तो वही थे
लेकिन अंबर के भी रंग रूप बदल गए
तुम मोहब्बत की बहार बनकर आए
गए जो दूर
मुझे तन्हा कर, खल गए
तुम्हारी नफरत में मैं बनी शमा
और तुम परवाना बन गए

❁ ❁ ❁

Chand Sitare To Nahin The
Lekin Ambar Ke Rang Roop Badal Gaye
Tum Mohabbat Ki Bahar Bankar Aaye
Gaye Jo Dur
Mujhe Tanha Kar, Khhall Gaye
Tumhari Nafrat Mein Main Bani Shama
Aur Tum Parvana Ban Jal Gaye

❁ ❁ ❁

ना कत्ल

ना कत्ल और ना,
कातिल का पता है
बेरहम बनी है ये जिंदगी
साजन तू कहां है?

बिस्तर पर पड़ी सिलवटों
की गवाही है
मोहब्बत से भी
ज्यादा कातिल
तेरी यह रुसवाई है

दिल की उन्हीं
जानी-अंजानी गलियों में
तेरा आना-जाना है
बावरा है मेरा मन
जो पूछता
कहां तेरा नया ठिकाना है?

आज इन लड़खड़ाए कदमों को
तुझ तक पहुंचने वाले
रास्तों की तलाश है

Naa Katle

Naa Katle Aur Na
Katil Ka Pata Hai
Berham Bani Hai Yeh Zindagi
Sajan Tu Kahan Hai

Bistar Per Padi Silveto
Ki Gavahi Hai
Mohabbat Se Bhi
Jyada Katil
Teri Yah Ruswai Hai

Dil Ki Unhi
Jani Anjani Galiyon Mein
Tera Aana Jana Hai
Bawra Hai Yeh Mann
Jo Puchta
Kahan Tera Naya Thikana Hai

Aaj In lakdhai Kadmon Ko
Tujh Tak Pahunchne Wale
Raashto Ki Talash Hai

बुझ सके ना जो तेरे बिन
ऐसी ये
मिलन की प्यास है

जानती हूं मैं भी
तू यहीं कहीं आसपास है
सांसे लेता है तू मगर
लेकिन तेरा ये दिल
धड़कता मेरे पास है

❁ ❁ ❁

Bujh Sake Na Jo Tere Bin
Aisi Ye
Milan Ki Pyas Hai

Janti Hun Main Bhi
To Yahi Kahin Aas Pass Hai
Sanse Leta Hai Tu Magar
Lekin Tera Yehh Dil
Dhadakta Mere Pass Hai

❁ ❁ ❁

बंजर

सारे हसीन मंजर
बंजर हो गए
फूल भी अब
खंजर हो गए
भीगी पलकों को उठाएं
किससे शिकवा करें
अब तो अपने भी
चारदीवारी के
अंदर हो गए
जिन आंखों में
खुशियों का सुरमा था
आज वो
आंसुओं का समंदर हो गए
तूफान तक की उम्मीद
ना की थी हमने
अपनी जिंदगी में
देखो कितने बवंडर हो गए
दर्द के वक्त
हमदर्द बनकर स्नेह की
वर्षा की थी हमने
हमारी दर्द में
देखो सब कैसे बंजर हो गए

❁ ❁ ❁

Banjar

Sare Haseen Manzar
Ab Banjar Ho Gaye
Phool Bhi Ab
Khanjar Ho Gaye
Bhigi Palakon Ko Uthai
Kisse Shikva Karen
Ab To Apne Bhi
Char Diwari Ke,
Andar Ho Gaye
Jin Aankhon Mein
Khushiyon Ka Surma Tha
Aaj Woh
Aansuon Ka Samander Ho Gaye
Tufan Tak Ji Ummid
Na Ki Thi Humne
Apni Zindagi Mein
Dekho Kitne Bawander Ho Gaye
Dard ke Waqt
Humdard Bankar Sneh Ki
Varsha Ki Thi Humne
Hamari Dard Mein
Dekho Sab Kaise Banjar Ho Gaye

❁ ❁ ❁

आज

देखो आज इंसानियत
इंसानियत के हाथों बिकी है
बेहयापन भी आज
शराफत का लिबास पहन
क्या खूब दिखी है

कोठे पर बैठी घुंघरूए
सिंदूर से जायज होने का
सबूत मांगती हैं
होकर पैरों की गुलामी से आजाद
देखो कैसे ये अपनी सीमाएं लांघती हैं

पग-पग चलकर घुंघरूओं ने
एक लंबा सफर तय कर लिया है
अब सिंदूर क्या चीज है
इसमें तो सिंदूर वाले को भी
अपनी बाहों में भर लिया है

Aaj

Dekho Aaj Yahansaniyat
Insaniyat Ke Hathon Biki Hai
Behayapan Bhi Aaj
Sharafat Ka Libaz Pahan
Kya Khoob Dikhi Hai

Kothe Par Baithi Ghungruye
Sindoor Se Jayas Hone Ka
Saboot Mangti Hai
Hokar Pairon Ki Gulami Se Azad
Dekho Kaise Ye Apni Seemaye Langati Hain

Pag Pag Chalkar Ghungruo Ne
Ek Lamba Safar Tay Kar Liya Hai
Ab Sindoor Kya Chiz Hai
Is Ne To Sindoor Wale Ko
Apni Bahon Mein Bhar Liya Hai

जो कल तक
बाजार की चीज थी
आज वह तेरी
बिस्तर को अजीज है
मोहब्बत के हाथों
टूट कर बिखर जाना ही
हर सच्ची माशूका
का नसीब है

❁ ❁ ❁

Jo Kal Tak
Bazar Ki Chiz Thi
Aaj Woh Teri
Bister Ko Aziz Hai
habbat Ke Hathon
Tut Kar Bikhar Jana Hi
Har Masuka Ka
Naseeb Hai

❁ ❁ ❁

कर रहे हैं

बेवफाई के कंधों पर सर रखकर
हम वफा की उम्मीद कर रहे हैं

या ये कहें, हम मोहब्बत करने से पहले
तेरे धोखे से डर रहे हैं

अब तो नदियों के धारे भी
किनारों से बगावत कर रहे हैं

जो अक्सर अब तक धूमिल थे
वह भी अब, अस्तित्व की तलाश कर रहे हैं

मंजिल का कोई ठिकाना नहीं
दोराहे पर खड़े हम खुद से लड़ रहे हैं

बीते लम्हों का हिसाब
हम उजड़े वर्तमान में कर रहे हैं

किया था जो हमने गुनाह
तो सजा का पैमाना भर रहे हैं

Kar Rahe Hain

Bewafai Ke Kandhon Per Sar Rakhkar
Hum Wafa ki Ummid Kar Rahe Hain

Yah Yeh Kahen, Hum Mohabbat Karne Se Pahle
Tere Dhokhe Se Darr Rahe Hain

Ab To Nadiya Ke Dhare Bhi
Kinaron Se Bagavat Ker Rahe Hain

Jo Aksar Ab Tak Dhumil The
Woh Bhi Ab, Astitva Ki Talash Kar Rahe Hain

Manzil Ka Koi Thikana Nahin
Dorahey Per Khade Hum Khud Se Lad Rahe Hain

Beete Lamhe Ka Hisab
Hum Ujde Vartman Mein Kar Rahe Hain

Kiya Tha Jo Humne Gunaah
To Saja Ka Paimana Bhar Rahe Hain

जिससे करते थे बेइंतेहा नफरत
उसी के नाम जिंदगी अपनी, मुकर्रर कर रहे हैं

जी ना सके हम तेरे साए में
मगर लेकर तेरा नाम, चैन की मौत मर रहे हैं

ये इश्क भी बड़ी जालिम चीज है
देखो इंसान क्या-क्या कर रहे हैं

सजदे में जिनका
आज तक सर ना झुका था
वह भी अब इश्क की मधुशाला पढ़ रहे हैं

❁ ❁ ❁

Jisse Karte The Beinteha Nafrat
Usi Ke Naam Zindagi Apni, Mukarrer Kar Rahe Hain

Ji Na Sake Hum Tere Saye Mein
Magar Lekar Tera Naam, Chain Ki Maut Maar Rahe Hain

Yeh Ishq Bhi Badi Zalim Chiz Hai
Dekho Insaan Kya Kya Kar Rahe Hain

Sajde Mein Jinka
Aaj Tak Sar Na Jhuka Tha
Woh Bhi Ab Ishq Ki Madhushala Padh Rahe Hain

❁ ❁ ❁

काश!!!!!!

आईना हमें देख चुका है
काश!!!! हम भी आईने को देख पाते
जो हमें छल चुका है
काश!!!!!! हम भी उसे छल पाते

वक्त रहते उतार देते हम
वह सारे शर्म और शबाब
तबाह कर लेते हम उन आंखों को
जो देखती थी कभी
तुझे पाने का ख्वाब

नफरत की अंगारों से
अब मोहब्बत की चिता जलाएंगे
रूह कांपेगी उन फरेबी इश्कबाजों की
हम कुछ ऐसा कर गुजर जाएंगे

अंधी चाहत के भवर में डूबी
बार-बार हमारे अरमानों की कश्ती
भीड में तन्हा खड़े रहे हम और
दुनिया रही हम पर हंसती

Kash!!!!!

Aaina Hamen Dekh Chuka Hai
Kash!!!! Hum Aaine Ko Dekh Paate
Jo Hamen Chhall Chuka Hai
Kash!!! Hum Bhi Use Chhall Paate

Waqt Rahte Utaar Dete Hum
Woh Sare Sharm Aur Shabab
Tabaah Ker Lete Un Aankhon Ko
Jo Dekhti Thi Kabhi
Tujhe Pane Ka Khwab

Nafrat Ki Angaro Se
Hum Mohabbat Ki Chita Jalayenge
Ruh Kapengi Un Farebi Ishqbaazo Ki
Hum Kuchh Aisa Kar Gujar Jayenge

Andhe Chahat Ke Bhawar Mein Dubi
Bar-Bar Hamare Armaanon Ki Kashti
Bheed Mein Tanha Khade Rahe Hum Aur
Duniya Rahi Hum Per Hansti

तेरी दुश्वारियों के कारण
ना जाने हमें मिले कितने सारे गम
जो तू ना जिंदा रहता
तो हम भी खुशी-खुशी जाते
मौत के रंग में रम

❁ ❁ ❁

Tere Dushwariyon Ke Karan
Na Jaane Hamein Mile Kitne Sare Gam
Jo Tu Na Zinda Rahta
To Hum Bhi Khushi Khushi Jaate
Maut Ke Rang Mai Ram

❁ ❁ ❁

हम तो.....

हम तो हमसफर बनने चले थे
हमकदम भी बन ना सके
आंखों में तेरी बसने चले थे
नजरों तक भी उतर ना सके

रुख मोड़ लिया हमें देखकर
उन सभी फिजाओं ने
हमसे आती थी बहार
जिन मदमस्त घटाओं में

प्यार से खौफ खाकर
हम खुदा से लड़ पड़े
कंधे पर सर रखकर
किसके हम रोए
अपने ही विरुद्ध थे खड़े

हमारी दुआ की
क्या तामील हुई
बर्बादी बिन बुलाए ही
जिंदगी की महफिल में शामिल हुई

Hum To

Ham To Humsafar Banne Chale The
Hum Kadam Bhi Ban Na Sake
Aankhon Mein Tere Basne Chale The
Nazron Tak Uttar Na Sake

Rukh Mod Liya Hamein Dekhkar,
Un Sabhi Fizaon Ne
Humse Aati Thi Bahar
Jin Madmast Ghataon Mein

Pyar Se Khof Kha Ker
Hum Khuda Se Lad Pade
Kandhe Per Sar Rakh Kar
Kiske Hum Roye
Apne He Viruddh The Khade

Hamare Dua Ki
Kya Tamil Hui
Barbadi Bin Bulaye He
Zindagi Ki Mehfil Mein Shamil Hui

जिंदगी ने हम से बगावत कर दी
मौत ने भी हमें ना स्वीकारा
कोई तो राह दिखा दे मेरे मौला
बेचैनी की झील में भटकता
मेरे मन का शिकारा

❁ ❁ ❁

Zindagi Ne Humse Bagavat Ker Di
Maut Ne Bhi Hamein Na Sweekara
Koi To Rah Dikha De Mere Maula
Bechaini Ki Jhil Mein Bhatakta
Mere Mann Ka Shikara

❁ ❁ ❁

जरूरत

मैं तेरी चाहत नहीं
जरूरत बनना चाहती हूं
ख्वाब हूं
जरा हकीकत में ढलना चाहती हूं
लहर हूं इसलिए
उफानों को गले लगाती हूं
तुझसे प्यार करती हूं
थोड़ा मचलना चाहती हूं
मोम हूं मैं
तेरी बाहों में पिघलना चाहती हूं
मैं तेरी चाहत नहीं
जरूरत बनना चाहती हूं

रास्ता है तू, कदम बन
साथ चलना चाहती हूं
आग है तू....
सूखी पत्तियां बन, मैं भी
जलना चाहती हूं
अंबर है तू, घटा बन
मैं भी बरसना चाहती हूं
तेरे हर लम्हे में, हो सिर्फ मेरा नाम

Zaroorat

Main Teri Chahat Nahin
Jarurat Banna Chahti Hun
Khwab Hun
Zara Hakikat Mein Dhalna Chahti Hun
Lehar Hun Isliye
Uffano ko Gale Lagati Hun
Tujhse Pyar Karti Hun
Thoda Machalna Chahti Hun
Mom Hum Main
Teri Bahon Mein Pighalna Chahti Hun
Main Teri Chahat Nahin
Zarurat Banna Chahti Hun

Rasta Hai Tu, Kadam Ban
Sath Chalna Chahti Hun
Aag Hai Tu
Sukhi Pattiyan Ban, Main Bhi
Jalana Chahti Hun
Amber Hai Tum Ghata Ban
Mein Bhi Barsa Chahti Hun
Tere Har Lamhe Mein, Ho Sirf Mera Naam

ऐसे लम्हे के लिए तरसना चाहती हूं
मन भरते साथ ठुकरा ना दे
तू मुझे इसलिए
मैं तेरी चाहत नहीं
जरूरत बनना चाहती हूं

❁ ❁ ❁

Aise Lamhe Ke Kiye Tarasna Chahti Hoon
Mann Bharte Sath Thukara Na De
Tu Mujhe Isliye
Main Teri Chahat Nahin
Zarurat Banna Chahti Hun

❁ ❁ ❁

बन जाऊं

शायर की शायरी बन जाऊं
नज्मों में उतर जाऊं
आसमान में चांद की तरह
चमके तू
और मैं तेरी चांदनी बन जाऊं

सेहरी की आजान बने तु
दरगाह में, मैं सर झुकाऊं
दुआ मांगे तू
और मैं आमीन कह जाऊं

दोपहर की शांति बने तू
शाम की शीतलता में मैं ढल जाऊं
करवटे बदले तू
और सिलवटों में मैं सिमट जाऊं

आंखें बने तू
सूरमा बन मैं उनमें बस जाऊं
सांसे ले तू
और जेहन में मैं उतर जाऊं

Ban Jaaun

Shayar Ki Shayari Ban Jaaun
Nazmo Mein Utar Jaaun
Aasman Mein Chand Ki Tarah,
Chamke Tu
Aur Main Teri Chandni Ban Jaaun

Sehri Ki Azan Bane Tu
Dargah Mein, Mai Sar Jhukau
Dyaa Mange Tu Aur Main
Aamin Kah Jaaun

Dopahere Ki Shanti Bane Tu
Shaam Ban Mai Dhal Jaaun
Karvate Badle Tu
Aur Silveto Mein Mai Simat Jaaun

Aankhen Bani Tu
Surma Ban Mai, Unmai Bas Jaaun
Sanse Le Tu
Aur Zahen Mein Mai Utar Jau

दुर्गा और दरगाह में अंतर करे तू
मैं फर्क मिटाऊं
शादी और निकाह में
तर्क करें तू
लेकिन मैं जन्म–जन्मांतर का
साथ निभाऊं

❁ ❁ ❁

Durga Aur Dargah Mein Antar Kare Tu
Mein Fark Mithun
Shaadi Aur Nikah Mein,
Tarak Kare Tu
Lekin Mein Janmo-Janmantar Ka
Saath Nibhau

❁ ❁ ❁

आंखों के समंदर

तेरे आंखों के समंदर में
काश!!!!! हमारे सपनों की एक कश्ती होती
पहरेदारी करता चांद
और कंधे पर सर रखकर
यह काली रात सोई होती

बहुत कुछ कहना चाहते थे
हम इस जालिम जमाने से
पर डरते थे खुद को यूं
तेरे हाथों आजमाए जाने से

सतरंगी शाम का
ये नशा था
जो ना करना चाहते थे, हम कभी
आज वह गुनाह हमसे हुआ था

बहुत कातिल थी
हम से की गई तेरी वफा
तू जो आया बाहों में
शराफत तहजीब का
चोला उतार हुई खफा

Aankhon Ke Samander

Teri Aankhon Ke Samander Mein
Kaash!!!! Humare Sapnon Ki Ek Kashti Hoti
Pahadari Karta Chand
Aur Kandhe Per Sar Rakhkar
Ye Kali Raat Soyi Hoti

Bahut Kuchh Kahana Chahte The
Hum Is Zalim Jamane Se
Per Darte The Khud Ko Yu
Tere Hathon Azamaye Jaane Se

Satrangi Shaam Ka
Yeh Nasha Tha
Jo Na Karna Chahte The, Hum Kabhi
Aaj Woh Gunah Humse Hua Tha

Bahut Katil Thi
Humse Ki Gei Teri Wafa
Tu Jo Aaya Bahon Mein
Shrafat Tehzeeb Ka
Chola Utaar Huye Khafa

दिन आंखों-आंखों में ढले
रातें तन्हाइयों में जलीं
बिस्तर की सिलवटों में
हम सिमट गए
जो तू ना आया तो हम
तेरी खुशबू से ही लिपट गए

❁ ❁ ❁

Din Aankhon-Aankhon Mein Dhali
Raate Tanhaiyon Mein Jali
Bistar Ki Silveto Mein Hum Simat Gaye
Jo Tu Na Aaya To Hum
Teri Khushb Se He Lipat Gaye

❁ ❁ ❁

जमी धीरे-धीरे चलना

सर पर आसमान ओढ़ रखा है
ऐ जमी धीरे-धीरे चलना
खुद को पत्थर बनाए रखा है
ऐ दिल उसके सामने धीरे से पिघल ना

नाचीज है ये वक्त बड़ी
बावरी बन ना मचलना
मोहब्बत दूर करेगा तेरे सभी नासूरों को
बस तू दरिया के किनारों पे ना चलना

शाम भले ही मायूसी के साथ ढले
पर तू अरमानों को ले ना ढलना
अपने अंदर की आग को जलाए रख
क्योंकि अभी बाकी है अंगारों पे चलना

कभी दिन, कभी रात
की तरह ना बदलना
खुद को मजबूत रख तू
अभी बाकी है गुनहगारों को छलना

लड़खड़ा जाएं जो तेरे कदम
तू कुछ ऐसा न करना
सर पर आसमान ओढ़ रखा है
ऐ जमी धीरे-धीरे चलना

❁ ❁ ❁

Zamee Dheere Dheere Chalna

Sar Per Aasman Odh Rakha Hai
A Zamee Dheere Dheere Chalna
Khud Ko Pathar Banaye Rakha Hai
A Dil Uske Samne Dheere Se Pighal Na

Nacheez Hai Ye Waqt Badi
Bavri Ban Na Machalna
Mohabbat Dur Karega Tere Sabhi Nasuron Ko
Bus Tu Dariya Ke Kinare Pe Na Chalna

Sham Bhale He Mayusi Ke Sath Dhale
Per Tu Armaanon Ko Le Na Dhalna
Apne Ander Ki Aag Ko Jalaye Rakh
Kyunki Abhi Baki Hai Angaro Pe Chalna

Kabhi Din, Kabhi Raat
Ki Tarah Na Badalna
Khud Ko Majbut Rakh Tu
Abhi Baki Hai Gunhegaro Ko Chalna

Ladkhada Jaaye Jo Tere Kadam
Tu Kuchh Aisa Na Karna
Sar Per Aasman Odh Rakha Hai
A Zamee Dheere Dheere Chalna

❁ ❁ ❁

मेरी जिंदगी किसी खिताब की

मेरी जिंदगी किसी खिताब की
मोहताज नहीं
मैं प्रेम की पवित्र गीता हूं
कोई घिसी-पिटी किताब नहीं

बिता दे मुझे कोई इतनी आसानी से
मैं वो आज नहीं
दिल में छुपा लोगे मुझे इतनी बेईमानी से
मैं वो राज नहीं
मेरी जिंदगी किसी किताब की
मोहताज नहीं

छल से सजाया गया हो जो सर पर
मैं वो ताज नहीं
चंद लम्हों की खातिर जिंदगी में पनपी
मैं रंगीनियत का साज नहीं

चेहरे पर दोगलेपन का पहना गया
मैं नकाब नहीं
रात में चढ़ूं और दिन में उतर जाऊं
मैं वो शबाब नहीं
मेरी जिंदगी किसी खिताब की
मोहताज नहीं

Meri Zindagi Kisi Khitab Ki

Meri Zindagi Kisi Khitab Ki,
Mohtaj Nahin.....
Main Prem Ki Pavitra Geeta Hun
Koi Ghisi Peti Kitab Nahin

Bita De Mujhe Koi Aasani Se
Main Woh Aaj Nahin
Dil Mein Chhupa Loge Mujhe Itni Beimani Se
Mein Woh Raaz Nahin
Meri Zindagi Kisi Kihtab Ki
Mohtaj Nahin......

Chhal Se Sajaya Gaya Ho Jo Sar Per
Mein Wo Taj Nahin
Chand Lamhon Ke Khatir Zindagi Mein
Panpa Mein Ranginiyat Ka Saaz Nahin

Chehre Per Doglepan Ka Pahna Gaya
Main Naqaab Nahin
Raat Mein Chadhu Aur Din Mein Utar Jaaun
Main Woh Shabab Nahin
Meri Zindagi Kisi Khitab Ki
Mohtaj Nahin......

जो दे मेरे दिल को दर्द
मैं छोड़ती उसे आबाद नहीं
जो दे कुर्बानियों पे कुर्बानी
मैं वो सौगात नहीं
आंखों में मेरे सवार है खून
समझना इसे आंसुओं की बरसात नहीं
तेरे लहू से रंग लूंगी अपने हाथ
बन के रहूं अबला
अब ऐसे हालात नहीं
मेरी जिंदगी किसी खिताब की
मोहताज नहीं

❀ ❀ ❀

Jo De Mere Dil Ko Dard
Main Chhodati Use Aabad Nahin
Jo De Qurbaniyo Pe Qurbani
Mai Wo Saugat Nahin
Aankhon Mein Sawar Hai Khoon
Samajhna Ise Aansuon Ka Barsat Nahin
Tere Lahu Se Rang Lungi Apne Hath
Banke Rahun Abla
Ab Aise Halat Nahin
Meri Zindagi Kisi Khitab Ki
Mohtaj Nahin......

❁ ❁ ❁

मैं कितनी खूबसूरत हूं

मैं कितनी खुबसूरत हूं
तेरे तन की जरूरत हूं
बदन पर पड़े सावन की
बूंदों की सनसनाहट हूं
गौर से देख मुझे
मैं तेरी सच्ची चाहत हूं

ना नफा ना नुकसान है
मेरा प्यार तुझ पर
मालिक का किया गया
एक एहसान है
तू सिर्फ अपने दिल की सुनना क्योंकि
ये दिमाग बड़ा विद्रोही और शैतान है

आ आज साथ बैठकर
आसमान में तारों को गिनें
चांद टूटकर बिखरे जो धरती पर
हम साथ मिलकर उसे बिने
मिल तो गया तू मुझे लेकिन
बाकी है जहर के कुछ प्याले पीने

Main Kitni Khubsurat Hun

Main Kitni Khubsurat Hun
Tere Tan Ki Zarurat Hun
Badan Per Pade Savan Ke
Boondo Ki Sansanahat Hun
Gaur Se Dekh Mujhe
Main Teri Sacchi Chhahat Hun

Na Nafa Na Nuksan Hai
Mera Pyaar Tujh Per
Malik Ka Kiya Gaya
Ek Ehsan Hai
Tu Sirf Apne Dil Ki Sunna Kyunki
Yeh Dimaag Bada Vidrohi Aur Shaitan Hai

Aa Aaj Saath Baith Kar
Aasman Mein Taron Ko Gine
Chand Tut Kar Bikhare Jo Dharti Per
Hum Saath Milkar Use Bine
Mil To Gaya Tu Mujhe Lekin
Baki Hai Zaher Ke Kuchh Pyale Peene

नैनो को नैनो से
तू कुछ मिला लेना ऐसे
प्रेम का सागर पीकर तृप्त हुआ हो तू
एक बूंद की खातिर हजारों साल तरसे हो हम जैसे

❁ ❁ ❁

Naino Ko Naino Se
Tu Kuchh Mila Lena Aise
Prem Ka Sagar Pikar Tripte Hua Ho Tu
Ek Boond Ke Khatir Hazaron Sal Tarse Ho Hum Jaise

❁ ❁ ❁

बाकी है

तबीयत से अभी बहुत कुछ
उछालना बाकी है
सामने खड़ी नजरों में
अभी कई सवाल बाकी हैं

गालिब ने कहा है
आसमान में भी सुराख है
बड़ा भूखा है ये तेरा मन
बता क्या तेरी सही खुराक है?

देख काफिर को
देवी की मूर्ति भाग गई है
कुरान संग गीता
एक दहलीज पर आ गई है

तरन्नुम में आज
गर्दिश के सभी सितारे हैं
तू जीता और हम
तेरे हाथों हारे हैं

❀ ❀ ❀

Baki Hai

Tabiyat Se Abhi Bahut Kuch
Uchhalna Baki Hai
Samne Khadi Nazro Mein
Abhi Kai Sawal Baki Hai

Galib Ne Kaha Hai
Aasman Mein Bhi Surakh Hai
Bada Bhukha Hai Yeh Tera Mann
Bata kya Teri Sahi Khurak Hai ?

Dekh Kafir Ko
Devi Ki Murti Bhaa Gei Hai
Kuran Sang Sangeeta
Ek Dehleez Per Aa Gei Hai

Tarannum Main Aaj
Gardish Ke Sabhi Sitare Hain
Tu Jita Aur Hum
Tere Haathon Hare Hain

❁ ❁ ❁

बागी

परिंदे बागी हुए हैं
आज वो सारे पिंजरे तोड़ देंगे
जो आसमा न दे सकी उन्हें पनाह
आज वो उनका दामन छोड़ देंगे

चट्टाने फिर लहरों
का रुख मोड़ देंगे
काबू करने चला है जो बांध उन्हें
वह आज उन बांधों को भी तोड़ देंगे

आज तो भंवरे मुरझाए फूलों से भी
नाता जोड़ लेंगे
पत्थरों से क्या शिकवा करें
हम तो कांटो का भी शाल ओढ़ लेंगे

दिल तो टूटा है मगर
हम जज्बातों के मरहम से जोड़ लेंगे
चलने वाले रास्ते थे गलत
अब हम अपने कदमों को भी मोड़ लेंगे

❁ ❁ ❁

Baaghi

Parindey Baaghi Huye Hain
Aaj Woh Sare Pinzre Tod Denge
Jo Aasmaa Na De Saki Unhen Pannah
Aaj Woh Unka Daman Chhod Denge

Chattane Fir Laharon Ka
Rukh Mod Denge
Kabu Karne Chala Hai Jo Bandh Unhen
Woh Aaj Un Bandho Ko Fir Tod Denge

Aaj To Bhavre Murjhaye Phoolon Se Bhi
Nata Jod Lenge
Patjhad Se Kya Shikva Karen
Hum To Kartoon Ka Bhi Shaal Odh Lenge

Dil To Tuta Hai Magar
Hum Jasbaato Ke Marham Se Jod Lenge
Chalne Wale Raste The Galat
Ab Hum Apne Kadmon Ko Mod Lenge

❀ ❀ ❀

आसमान से

आसमान से फिर
एक तारा टूटा है
इधर-उधर बिखरा सब कुछ
नजरों का नजारा
भी फुटा है
दाग हमारे आंचल से
पाक-पवित्र होने का
सबूत मांगते हैं, क्या कहे हम.....
हमारे आंचल को इन्हीं
दागों ने लूटा है
आसमान से फिर
एक तारा टूटा है

जवानी कुर्बानी मांगती है
हर एक किरदार
नई कहानी मांगती है
सामने परोसा गया
सब कुछ जूठा है
आंखें खोल हकीकत में आ
दिखाया गया हर एक सपना झूठा है
आसमान से फिर
एक तारा टूटा है

Aasman Se

Aasman Se Fir
Ek Tara Toota Hai
Idhar Udhar Bikhra Sab Kuchh
Najron Ka Najara
Bhi Phuta Hai
Daag Hamare Aanchal Se
Pakk-Pavitra Hone Ka
Saboot Mangti Hain, Kya Kahen Hum....
Hamare Aanchal Ko Inhi
Daago Ne Luta Hai
Aasman Se Fir
Ek Tara Toota Hai

Jawani Qurbani Mangti Hai
Her Ek Kirdar
Nei Kahani Mangti Hai
Samne Parosa Gaya
Sab Kuch Jutha Hai
Aankhen Khol Hakikat Mein Aa
Dikhaya Gaya Sapna Jhutha Hai
Aasman Se Fir
Ek Tara Toota Hai

आंखों से बहता पानी है
कतरा-कतरा जिंदगानी है
होश में आकर कदम बढ़ा
तुझ पर बहुत कम रब की मेहरबानी है
रब रूठा जग छुटा
यही हर बाशिंदे की कहानी है
धरती पर हर कदमों की
अपनी-अपनी निशानी है
अपने कदमों से हम
क्या शिकवा करें
बागियों ने हमारे हिस्से की
जमी को लूटा है
आसमान से फिर
एक तारा टूटा है

❀ ❀ ❀

Aankhon Se Bahta Pani Hai
Katra-Katra Zindagani Hai
Hosh Mein Aakar Kadam Badha
Tujh Per Bahut Kam Rab Ki Meherbani Hai
Rab Ruth Jag Chhutha
Yahi Har Bashinde Ki Kahani Hai
Dharti Per Har kadmon Ki
Apni-Apni Nishani Hai
Apni Kadmon Se Hum
Kya Shikva Karen
Baaghiyo Ne Hamare Hisse Ki
Zamee Ko Luta Hai
Aasman Se Fir
Ek Tara Toota hai

❁ ❁ ❁

मेरी जिंदगी मुझसे इम्तिहान मांगती है

मेरी जिंदगी मुझसे इम्तिहान मांगती है
गुमनामी की चादर उतार रिश्ते
एक नाम मांगती है
अब तो ईमान भी जुबान मांगती है
कलम से निकली हर रचना
एक इनाम मांगती है
मेरी जिंदगी मुझसे इम्तिहान मांगती है

अब नजरें भी पैगाम मांगती हैं
कोशिश भी अंजाम मांगती हैं
लड़खड़ाए सांसे राम मांगती हैं
मौत जिंदगी को अब आम मानती हैं
मेरी जिंदगी मुझसे इम्तिहान मांगती है

धरा किनारा लांगती है
बेसहारा सहारा मांगती है
पतन डोरी से छुटकारा मांगती है
तुझे पाने की जिद्द अब मुझसे
मेरी जान मांगती है
मेरी जिंदगी मुझसे इम्तिहान मांगते हैं

✽ ✽ ✽

Meri Zindagi Mujhse Imtihaan Mangti Hai

Meri Zindagi Mujhse Imtihan Mangti Hai
Ghumnami Ki Chadar Utaar Rishte
Ek Naam Mangti Hai
Ab To Iman Bhi
Zubaan Mangti Hai
Kalam Se Nikali Her Rachna
Ek Inam Mangti Hai
Meri Zindagi Mujhse Imtihan Mangti Hai

Ab Nazre Bhi Paigam Mangti Hai
Koshish Bhi Anjam Mangti Hai
Ladkhadaye Saanse Ram Mangti Hai
Maut Zindagi Ko Aam Manti Hai
Meri Zindagi Mujhse Imtihan Mangti Hai

Dhara Kinara Langti Hai
Besahara Sahara Mangti Hai
Patang Dori Se Chhutkara Mangti Hai
Tujhe Pane Ki Zid
Meri Jaan Mangti Hai
Meri Jindagi Mujhse Imtihan Mangti Hai

❁ ❁ ❁

टूटते अरमानों की

टूटते अरमानों की आंधी चलेगी
आंसुओं का सैलाब आएगा
टकटकी लगाए खड़ा रहेगा तू
और तेरा सब कुछ बह जाएगा
खाली हाथ लेकर आया है तू
क्या लेकर जाएगा? तेरे अच्छे-बुरे
कर्मों का हिसाब यहीं हो जाएगा
मत कर इतना सितम
उस मासूम के दिल पर, वरना
तुझे देखने वाला हर शीशा टूट जाएगा
बहुत भीड़ है इस छोटी सी दुनिया में
कभी ना कभी, किसी ना किसी दिन तो
अपनी असलियत से टकराएगा
मत कर इतना घमंड खुद पर
वरना ऊपर वाला भी ठुकराएगा
भावनाओं के संग खिलवाड़ का
मायाजाल है ये धरती
संभल कर रहना वरना,
दिल के बाजार में जिस्मानी
जरूरतों के भाव बिक जाएगा

❀ ❀ ❀

Tutate Armaanon Ki

Tutate Armaanon Ki Aandhi Chalegi
Aansuon Ka Sailab Aayega
Taktaki Lagaye Khada Rahega Tu
Aur Tera Sab Kuchh beh Jayega
Khali Hath Lekar Aaya Hai Tu
Kya Lekar Jayega, Tere Acche Bure
Karmon Ka Hisab Yahi Ho Jayega
Mat Kar Itna Sittam
Us Masum Ke Dil Per, Varna
Tujhe Dekhne Wala Her Sheesha Toot Jayega
Bahut Bheed Hai Is Chhoti Si Duniya Mein
Kabhi Na Kabhi, Kisi Na Kisi Din To
Apni Asaliyat Se Takraaiga
Mat Kar Itna Ghamand Khud Per
Varna Upar Wala Bhi Thukrayega
Bhavna Ke Sang Khilvad Ka
Mayajaal Hai Yeh Dharti
Sambhal Kar Rahana Varna,
Dil Ke Bazaar Mein Zismani
Jarurat Ke Bhav Bik Jayega

❀ ❀ ❀

बात वही

बात वही पर
रात नई है
तू ना तो
तन्हाई सही है
चांद संग तारों की
जोड़ी सही है
लफ्ज वही पर
जुबान नई है
दर्द नया पर
आंसू वही है
शोर कहीं
सन्नाटा कहीं है
जख्म को तूने हमारे
बांटा नहीं है
इंसान है भगवान
नहीं है
मजबूर हुए तो
कह देंगे
बीता हुआ कल
हमें याद नहीं है

Baat Vahi

Baat Vahi Per
Raat Nahin Hai
Tu Na To
Tanhai Sahi Hai
Chand Sang Taaro Ki
Jodi Sahi Hai
Lafz Vahi Per
Zuban Nei Hai
Dard Naya Per
Aansu Vahi Hai
Shor Kahin
Sannata Kahin Hai
Zakhm Ko Tune Hamare
Bata Nahin Hai
Insan Hai Bhagwan
Nahin Hai
Majbur Hue To
Kah Denge
Bita Hua Kal
Hamen Yad Nahin Hai

❁ ❁ ❁

तहजीब के साथ जरा...

तहजीब के साथ जरा
ये हसीं चेहरा तो उठाइये
आशिकों की कतार में हम भी हैं खड़े
जरा हम से भी तो नजरें मिलाइये
आपको देख कर हमारा हर ख्वाब
मुकम्मल हुआ है
हमें देखकर इतना डरते हैं क्यों?
क्या हमने अभी तक आप को छुआ है?
पथरीले रास्ते पर जो
आपके कदम लड़खड़ा गए
हमारी दीवानगी की भी हद है
बिन बुलाए ही हम
हमकदम बन कर आ गए
गुलशन का अब हर
गुल तो लाल है
खून से भी गाढ़ी दिल के रिश्ते
अब तेरे बिन जीना मुहाल है
तुझे पाकर सजदा करते हैं हम
खुदा कर दिया क्या तोहफा
तू हमें कमाल है

❁ ❁ ❁

Tehzeeb Ke Sath Zara

Tehzeeb Ke Sath Zara
Yeh Hasin Chehra To Uthaiye
Aashiqon Ki Qatar Mein Hum Bhi Hain Khade
Zara Humse Bhi To Najre Milaiye
Aapko Dekh Kar Hamara Har Khwab
Mukmmal Hua Hai
Hamen Dekh Kar Itna Darte Hai Kyon ?
Kya Humne Abhi Tak Aapko Chhua Hai
Pathrile Rastoo Per Jo
Aapke Kadam Ladkhada Gaye
Hamare Deewangi Ki Bhi Had Hai
Bin Bulae Hi Hum
Humkadam Bankar Aa Gaye
Gulshan Ka Ab Her
Gul Too Lal Hai
Khoon Se Bhi Gaadhe Dil Ke Rishte
Ab Tere Bin Jeena Muhaal Hai
Tujhe Pakar Sagda Karte Hain Hum
Khuda Ka Diya Gaya Tohfa
Tu Hume Kamal Hai

❁ ❁ ❁

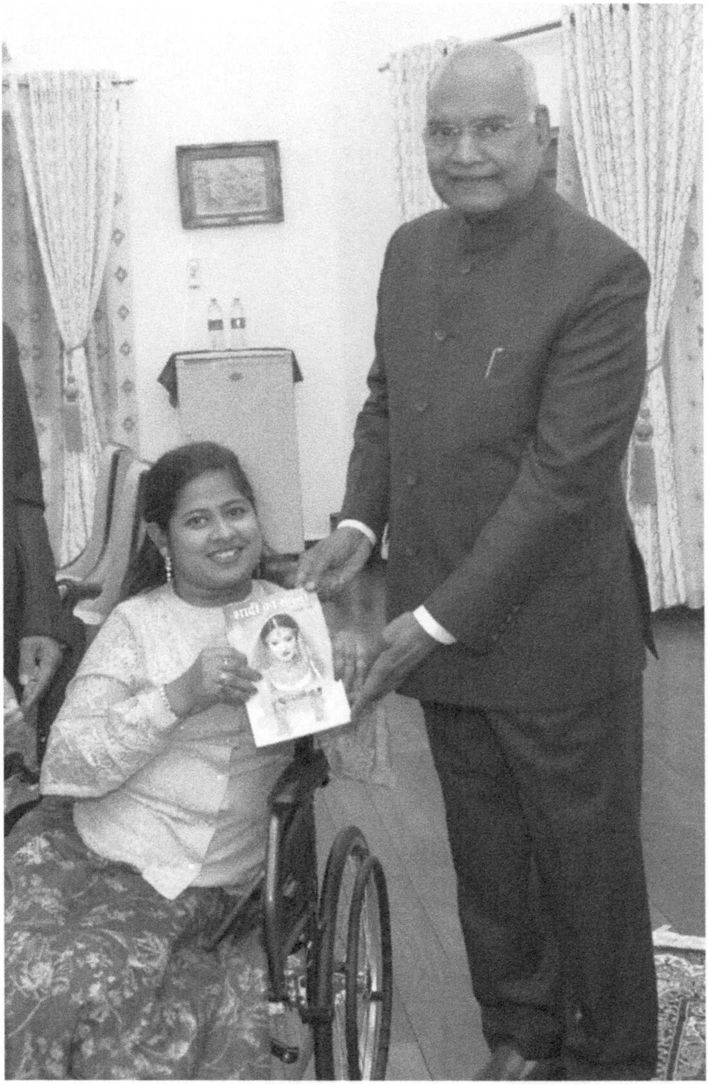

डायमंड बुक्स द्वारा प्रकाशित एवं किक्की सिंह (स्वाति सिंह) द्वारा लिखित पहली नोवेल 'शादी का सपना' जिसका विमोचन झारखण्ड के मुख्यमंत्री एवं भारत के प्रथम व्यक्ति माननीय राष्ट्रपति रामनाथ कोविंद जी द्वारा सम्पन्न हो चूका है।